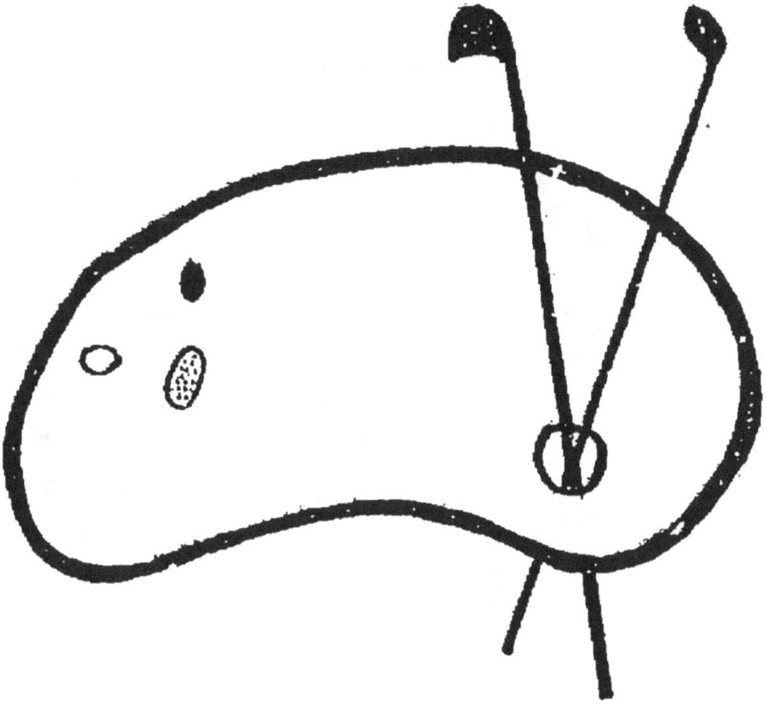

COUVERTURE SUPERIEURE ET INFERIEURE
EN COULEUR

ESTAMPES

Provenant de M. N...

PORTRAITS

PIÈCES IMPRIMÉES EN COULEUR

Vente le 13 Février

EXPOSITION LE 12

Me DELBERGUE-CORMONT, Commissaire-Priseur.
M. VIGNÈRES, Marchand d'Estampes.

1860

Maulde et Renou, imprimeurs de la Compagnie des Commissaires-Priseurs, rue Rivoli 144. 7224

2355 25

		2355	25
		117	75
affiches et affichage	21	2473	..
Gratis Moniteur de vente	12		
Déclaration	1 70		
Timbre	2 50		
Enregistrement	54 10		
Bourse commune	73 40		
Commissaire Priseur	73 40		
Clerc et Priseur	12		
hommes de peine	12		
salle	[illegible]		
Catalogue	107		
Distribution	15		
M. Viguier	123 65		
Gratification	10 ..	575	25
	575 25	1897	75
affe à la Poste catalogue	2 75		
Moniteur	42		
5 Mains chemise	6 25		
port à l'hotel	2 75		
	58 25	58	25
		1839	50
		49	40
		1888	90

CATALOGUE

D'ESTAMPES

ANCIENNES ET MODERNES

Provenant de M. N...

PIÈCES DE DIVERSES ÉCOLES

PORTRAITS, CARICATURES

Réunion très-curieuse

D'ESTAMPES IMPRIMÉES EN COULEUR

PAR

ALIX, BARTOLOZZI, DEBUCOURT, DEMARTEAU,

JANINET, SERGENT, ETC.,

DONT LA VENTE AURA LIEU

HOTEL DES COMMISSAIRES-PRISEURS

Rue Drouot, n° 5

SALLE N° 3, AU 1er ÉTAGE

Le Lundi 13 Février 1860

A 1 HEURE PRÉCISE

Par le ministère de Me **DELBERGUE-CORMONT**, Cre-Priseur,
rue de Provence, 8,

Assisté de M. **VIGNÈRES**, marchand d'Estampes, rue de la Monnaie, 13,
à l'entresol, entrée rue Baillet, 1,

Chez lesquels se distribue le présent Catalogue.

EXPOSITION PUBLIQUE

Le Dimanche 12 Février 1860, de une heure à quatre heures.

1860

ORDRE DE LA VACATION

L'ordre du Catalogue sera suivi.

On commencera à 1 heure précise.

Ce Catalogue nous a été remis manuscrit.

CONDITIONS DE LA VENTE

Elle sera faite au comptant.

Les acquéreurs paieront en sus du prix des adjudications CINQ pour cent applicables aux frais.

M. VIGNÈRES, faisant la vente, se charge des commissions.

NOTA. Toute commission sans prix fixé ou sans limite déterminée sera regardée comme nulle.

M. VIGNÈRES se charge de faire marquer les prix aux Catalogues des ventes qu'il a faites. Les personnes qui le désirent peuvent s'adresser à lui *franco*.

Plusieurs amateurs éloignés en ont reconnu l'utilité pour les guider dans leurs achats sur les valeurs des Estampes.

Pour rendre service aux personnes ayant le goût des Arts et des Collections, MM. les Amateurs qui reçoivent des Catalogues sont priés de les communiquer à leurs amis.

Big. 6

DÉSIGNATION

DES ESTAMPES

PIÈCES DIVERSES

1 **Bartolozzi.** Jeune Alsacienne, jolie pièce, d'ap. A. Kauffmann.

2 **Beljambe.** Ah! si je te tenais; Je t'en ratisse. 2 pièces, d'ap. Danloux.

3 **Bol** (Ferdinand), portrait d'officier, Cl. 12. Belle eau-forte.

4 **Boucher** (d'après). Allégorie sur la naissance d'un Dauphin, très-jolie pièce avant toute lettre.

5 **Brocksaw**. Joli portrait de femme, d'après J. Reynolds.

6 **Challe** (d'après). Le Repos interrompu. Jolie pièce gravée par Vidal.

7 **Charpentier**. Le Repos de Diane, d'ap. Jeaurat; très-belle épr. d'une jolie pièce.

8 **Choffard** (manière de). Contes de La Fontaine, 3 sujets sur la même feuille. Charmante pièce avant toute lettre.

9 **Coypel** (Ant.). Judith venant de tuer Holopherne. Belle épr.

10 **Dambrun**. Le Divertissement de la nuit, d'ap. Lebrun, jolie pièce à costumes.

11 **Debucourt**. La Soif de l'or, d'ap. Prud'hon, in-4. *Rare.*

12 **Decamps**. Charles X chassant au tir dans ses appartements.

13 — Le Crieur de l'ordonnance Mangin, concernant *les ceux qui ont dérangé les pavés*, etc.

14 — Ah !... cette fois je sens bien que j'en rends de fameuses ordonnances.

15 — *Le pieu monarque*, contre Charles X, dont la tête couronnée surmonte un pieu.

16 — Conjugaisons du verbe sauver : J'ai sauvé la patrie ; tu as sauvé, etc.

17 — Liberté (Françoise-Désirée). Elle est dans l'enfance, les ministres la tiennent par des lisières, mais ils ne peuvent arrêter sa marche.

18 — Arrêté de la cour prévôtale qui condamne Françoise Liberté au cautionnement et à la flétrissure des lettres *T. R.* (Timbre royal), etc.

19 — La France pleure ses victimes, ses représentants pleurent les bourreaux ; un orateur à la tribune, appuyée sur une barricade jonchée de morts.

20 — Grands sauteurs. Des jongleurs politiques font leurs exercices au son de la grosse caisse.

NOTA. Ces neuf pièces sont des lithographies originales de Decamps, caricatures remplies de verve, publiées après la révolution de 1830 Elles sont devenues rares.

21 — Le Gardeur de porcs. Belle eau-forte du maître.

22 **Fragonard** (D'après). La Chemise enlevée, gravée par Guersant. Belle épr. d'une jolie pièce.

23 — Le Baiser à la dérobée, charmante composition, épreuve avant toute lettre. *Rare* en cet état.

Hardi. 6.50

Hard 6.50

Bligny 10

Bligny 10.

hard 6.50 Bligny 10.

[illegible] 10.

Vilestaint 20.

Vosin 4.

Paris 4

Bourcin 5

24 **Freudeberg** (D'après). Lison dormait, jolie pièce gravée par *Trière*. Très-belle épr., grande marge.

25 **Gaucher** (C. S.). Société philotechnique. Jolie petite pièce, d'ap. Lebarbier.

26 **Goltzius.** Neptune et Amphitrite. Très-belle épreuve.

27 **Greuze** (D'après). Le Bénédicité. Belle composition du maître, gravée par Laurent. Superbe épr. avant toute lettre. Très-rare en cet état.

28 **Lawreince** (D'après). Les Offres séduisantes, jolie pièce gravée par Delignon.

29 **Lutken** (Jean). Édit de Nantes, donné par Henri IV, le 25 février 1599; in-fol. en largeur.

30 **Natoire** (D'après). Amphitrite, gravée par Fessard. Jolie pièce.

31 **Pater** (D'après). Le Plaisir de l'été, jeune femme entrant dans le bain, gravée par *L. Surugue*. Jolie pièce, très-belle épr.

32 **Prud'hon** (D'après). La Grotte, jolie petite pièce gravée par *Roger*; épreuve avant la suppression de la tablette et avant la lettre.

33 — En-tête de la République française, gravé par *Roger*. *Rare*.

34 **Prud'hon.** La Famille malheureuse, lithographie originale du maître; 1re épr. tirée de l'*Album*, journal.

35 **Regnault.** Matin. Une jeune fille, distraite par deux colombes amoureuses, laisse son lait monter et déborder la casserole. Superbe épr. avec le nom à la pointe et avant la lettre. Le mot MATIN dans la marge est écrit à la plume. Rare en cet état.

36 **Regnesson** (N.). Une feuille de médailles romaines, figures et revers.

37 **Rembrandt**. Rembrandt dessinant, Cl. 22. Autre petit portrait de Rembrandt. 2 pièces.

38 — Abraham avec son fils Isaac, Cl. 39.

39 — Combat de David contre Goliath, 2e des quatre sujets pour le livre espagnol, Cl. 40.

40 — Présentation au Temple, Cl. 53. 3e état avant le turban sur la tête de saint Joseph.

41 — Adoration des bergers, Cl. 50. — Fuite en Égypte, 59. 2 pièces.

42 — Jésus prêchant, ou la petite tombe, Cl. 71. Belle épr.

43 — Christ en croix, Cl. 85.

44 — Gueux assis sur une motte de terre, Cl. 171.

45 — La Femme à la calebasse, Cl. 165. — Gueux estropié, Cl. 176. 2 pièces.

46 — Vieillard à barbe courte, Cl. 206. — Homme à bouche de travers, 301. 2 pièces.

47 — Vieille femme assise, Cl. 334. Belle épr.

48 — Buste de la mère de Rembrandt, 1631, Cl. 339. Belle épr.

49 **Rembrandt** (attribué à). Vieillard à grande barbe assis. Cl. supplément page 121, nº 144.

50 **Saint-Aubin** (Aug. de). République française, d'ap. Regnault. Jolie petite pièce. *Rare*.

51 **Saint-Aubin** (Germain). La Brouette. Jolie pièce des papillonneries humaines. *Rare*.

52 **Schley**. Combat de Jarnac et de La Châtaigneraye, in-8.

53 **Vénitien** (Augustin). Académie de Baccio Bandinelli, B. 418. Belle épr.

Joubert.

5. X.

Gallichon E.

Berge. 8

Camb. 24.

[illegible] Margin 3

Margin 6.50

54 **Watelet**. Danse, d'après Watteau; pièce en rond, 1re épreuve avant les noms d'artistes.

CARICATURES

55 Désagrément des parapluies; Vue prise sur le quai Voltaire; Allons, messieurs, Versailles, St-Cloud; le Débiteur à la mode; les Glaces, Société littéraire; l'Heureux commis marchand; le Choix du poisson; Costumes du suprême bon ton; le Désagrément d'aller à cheval; le Marché aux fleurs; Atelier de lingères, de modistes; l'Embarras des richesses; la Pudeur trahie; la Girouette politique et littéraire; les Chances de l'Hymen; les Rats de cave en désarroi; Patente de goutteux; Qui se ressemble s'assemble; l'Antiquaire; les Amateurs; le Marchand de tableaux; Cris de Paris; les Rats de cave; Folies du Carnaval; les Meringues du Perron; les Demandes de mariages; le Coup d'œil de contrebande; prière efficace à l'usage des femmes; la Malice des filles envers les garçons, et la Malice des garçons envers les filles, etc. 110 pièces fort amusantes. — Ce numéro sera divisé.

PORTRAITS

66 **Adam**. Xavier Bichat, médecin célèbre, médaillon rond, petit in-4.

67 **Anonymes**. Binninger, Moïse Charras, Lazare Rivière, médecins. 3 pièces.

58 — Nicolas Flamel, d'après la figure qui était à Sainte-Geneviève des Ardents.

59 — Scarron, gravé dans la manière de Madelaine Masson.

60 — Madame la comtesse du Barry, médaillon ovale, in-8.

61 **Anselin**. Mme de Pompadour en jardinière, d'ap. Vanloo. Très-belle épr. avant la lettre.

62 **Arnold**. Chodowiecki, le même, par Lips, d'ap. Graff. 2 pièces.

63 **Aubert**. Henriette de Balzac, avec entourage de Babel. Épr. avant l'adresse d'Odieuvre effacée.

64 **Bartolozzi**. 1777. Philidor, compositeur de musique et célèbre joueur d'échecs. Joli portrait. *Très-rare.*

65 — Cornwallis, Clinton, capitaine Cook. 3 jolis portraits.

66 **Beaufort** (de). Barthélemy Alary, apothicaire du roi. 1685. In-8°.

67 **Benoist**. Hippolyte Clairon de Latude, d'ap. le modèle en cire de Lumberger.

68 **Bloemaert** (C.), Rév. P. Martin, qui pendant quarante ans a travaillé pour la gloire de Dieu. Très-belle épr.

69 **Bonneville**. Robespierre jeune. *Très-rare.*

70 — Comtesse Du Barri.

71 — Cécile Renaud, arrêtée chez Robespierre le 4 prairial an II.

72 — Mme Récamier.

Berger 6. Bernard [illegible]

Gellibert 6.

Gellibert 10 (Villebourg ?) [illegible] 50

Marmontel 6

Mangin 2 [illegible]

Dantinet 6 10. 8. 50
Gellibert 5

Gellibert 15 Oreilly 2

Comb. 4.75 gilleline 6 Flou 3 50

[illegible] Moreau 6

Martin 10

[illegible]

Hommelet 6 Sigaut 10

[illegible] Moreau 5

[illegible] 1 50

Bernard Rougin 11

Sabatier 6 Salet 3

Bonnard Rougin 4

73 **Campion du Tersan.** Espérance-Félicité Sablon de Guillinville. Joli petit médaillon avec entourage ornementé. *Rare.*

74 **Cars** fils (J.-F.). Louis-Auguste Ier, prince souverain de Dombes, d'ap. Verdie. In-fol.

75 **Cathelin.** Molière, médaillon ovale, avec entourage ornementé. In-8°. Épr. avant toute lettre.

76 — 1791. Desault, chirurgien en chef de l'Hôtel-Dieu de Paris, d'ap. Cochin. Très-belle épr.

77 **Chasteau.** Louis XV, jeune, assis, tenant le sceptre et la couronne. In-4.

78 **Chretien.** Couperin, organiste de la chapelle du roi, au physionotrace. *Rare.*

79 **Cossin** (L.), Jacob Conrart, d'ap. Barthelemy.

80 **Daret** (Manière de). César de Vendosme, fils narel de Henri IV et de Gabrielle d'Estrées. In-4.

81 **Daullé.** Fabert, maréchal de France. Joli petit portrait. In-8.

82 **Divers.** Andry, Baumé, Collette de Chamseru, Delaplanche, Fauchard, de la Faye, Lorry, Loustaunau, de Marque, de Malon, Moreau, Riolan faisant l'anatomie d'un cadavre, Senac, Sigault, médecins et chirurgiens. 15 pièces.

83 **Droyer.** D'Effiat de Cinq-Mars, d'après un portrait original. In 8.

84 **Dupont** (Henriquel). Achille Allier. Très-belle épr.

85 **Edelinck.** Louis XIV. Joli petit portrait dans un entourage de Babel. Épr. avant l'adresse d'Odieuvre, effacée.

86 **Frosne.** 1671. Cosme Viardel, chirurgien ordinaire de la reine, d'ap. Duguernier. In-4.

87 **Gaucher** (C.-E.). Lamoignon Malesherbes. Joli portrait. In-8.

88 **Gaucher** (C.-S.). De Piis, d'ap. François. Joli portrait. In-8.

89 **Gaultier** (Léonard). Laframboisière, médecin. Petit in-fol. Très-belle épr.

90 **Harrewin**. Gabrielle d'Estrées et Henriette de Balzac. 2 p.

91 **Houbraken**. Romyn de Hooge. Superbe épr. avant toute lettre.

92 **Huot**. Court de Gebelin, d'ap. Pujos. In-4.

93 **Imbault** (Chez). Mozart.

94 **Jode** (P. de). Ferdinand d'Autriche, d'ap. *Van Dyck*. 1re épr. avec l'adresse de Meyssens.

95 **Lasne** (Michel). Le P. N. Caussin, jésuite. Petit in-4.

96 **Lebeau**. Roxelane, d'ap. Dugourc. (On dit que c'est le portrait de Mlle Duthé.)

97 **Lebert**. Marie de Rohan, duchesse de Chevreuse, d'ap. le dessin de Dugourc.

98 **Levillain**. Marie-Angélique et Catherine-Agnès Arnault, d'ap. Ph. de Champagne. Épr. avant la lettre.

99 **Marchand**. 1770. Bertrand Pibrac, chirurgien major de l'École royale militaire, d'ap. Lemonnier. In-4.

100 **Mariage**. Mme dé Pompadour. Joli petit buste de profil, dans un ovale.

101 **Marillier** (manière de). Sapho. Médaillon entouré de roses; au bas, deux Amours tenant une lyre. Jolie petite pièce.

Mangin 0.50 Humann, R. 20

Hais 0.50

Vangin 2

Busson 5.

Saleil 2 X 6.50

Oreilly 0.08

Mangin 3 Humann

Gillibert 100

Horden 2.25

Pierre [illegible] Pergin 3.50

Perm 3

Skelly

Carl [illegible] Pybus [illegible] A. Cy. Santands Bell 3

Pleun 6.50

Comb. 6.75

102 **Martinet**. Louis-Hector, duc de Villars. Joli petit portrait en pied.

103 **Masquelier**. Pierre Demours, oculiste de Louis XVI, d'ap. Latour. In-4.

104 — Ninon de Lenclos, d'ap. le portrait original de Raoux.

105 **Mellan**. Peiresc. In-4. Épr. superbe.

106 **Michel** (Jean-Baptiste). Beau portrait du célèbre comédien Préville. Au bas, scène des *Folies amoureuses.*

107 **Moreau** jeune (d'après). Frédéric-Guillaume, prince de Prusse. Médaillon rond entouré de figures allégoriques. Jolie pièce gravée par Duclos.

108 **Nanteuil**. Scuderi R. D. 221. Superbe épreuve du 1er état.

109 **Neefs** (J.). Gaspar Nemius, évêque d'Anvers, d'ap. G. Seghers. Très-belle épr. In-4.

110 **Picart** (J.). Jean de Saint-Bonnet, seigneur de Toyras, maréchal de France, 1631. Il est à mi-corps, couvert de son armure. Beau portrait. In-4, *non décrit par le Père Lelong. Rare.*

111 **Quenedey**. Louis-Joseph-Xavier-François, 1er fils de Louis XVI, mort en 1789. Joli petit portrait au physionotrace. *Rare.*

112 — Comte de Vergennes, ministre, au physionotrace. *Rare.*

113 **Rivalz** (Barthélemy). Portrait d'Antoine Rivalz, peintre.

114 **Rousseau** (J.-F.). Eugénie, ou la Noblesse représentée sous la figure de Marie-Antoinette, tenant une petite statue qu'elle dédie à Minerve, d'ap. *Cochin fils*, 1780. Très-belle épreuve.

115 **Ruotte**. Portrait de Daleyrac, compositeur de musique.

116 **Saint-Aubin** (Aug.). Gluck. Charmant petit portrait, d'ap. Krafft. Très-belle épr.

117 **Schuppen** (Van). Jean Hamon, médecin.

118 **Simon**. Le Rév. Père Poisson, cordelier, prédicateur du roi. In-8.

119 **Suyderhoef**. Gillis de Glarges, l'un des beaux portraits de cet habile graveur.

120 **Thomassin**. S. H. Monseigneur le Dauphin, d'ap. J. de Troy. Beau portrait. Petit in-fol.

121 **Turner**. Mme Malibran (rôle de Desdemona), d'ap. Decaisne.

122 **Vermeulen**. Philippe de Commines. Autres anonymes. 3 portraits.

123 **Visscher** (Corn.). Comtes de Flandres, d'ap. Jean Van Eyck. Très-belle suite, en parfait état, grandes marges. Très-belles épreuves.

124 **Wierix** (Jean). Jean Stradan, peintre. Médaillon ovale dans un entourage ornementé.

PIÈCES IMPRIMÉES EN COULEUR.

125 **Alix**. Montesquieu. Beau portrait en couleur, d'ap. Garnerey.

126 — Mme Saint-Aubin, de l'Opéra-Comique. Au bas, scène IV d'*Ambroise*. Charmant portrait en couleur, d'ap. *Garnerey*.

127 — Dubus-Preville. Au bas, trois médaillons le représentant dans différentes pièces de comédie. Joli portrait en couleur. *Très-rare*.

128 — Joseph Barra, célèbre par son dévouement. Joli portrait en couleur, d'ap. *Garnerey*. *Très-rare*.

Vermeulet 6

Dumon 4.

[illegible] 3.

Valet 10. Berger 11 [illegible]

[illegible] 1:2450

[illegible] £ 50

[illegible] X

129 — Joseph-Agricole Viala. Joli portrait en couleur. *Très-rare.*

130 — Vœu unanime des Français, an VIII. Navires français portant le drapeau tricolore sur lequel est inscrit : LIBERTÉ DES MERS, coulant des vaisseaux anglais, d'ap. *Genillon*, en couleur.

131 — L'Accordée de village, la Paralytique. 2 pièces en couleur, d'ap *Greuze.*

132 **Anonyme**. Le Cuisinier galant. En couleur.

133 **Audebert.** Fontaine d'Amour, la bonne Mère. 2 p. en couleur, d'ap. *Fragonard.*

134 **Bartolozzi**. Nymphe caressant l'Amour, d'ap. *Cipriani.* Jolie petite pièce avant la lettre.

135 — Jeune fille prenant des fleurs dans une corbeille que lui présente une bouquetière, d'ap. *A. Kauffmann.* Charmante pièce à la sanguine.

136 — Bacchante pressant une grappe de raisin; autre buvant à une coupe, d'ap. *Cipriani.* Deux jolies petites pièces avant la lettre.

137 — Nymphe allaitant l'Amour, d'ap. *Joshua Reynolds.* Jolie petite pièce avant la lettre.

138 — Triomphe de la Beauté et de l'Amour, d'ap. *Cipriani.* Jolie pièce.

139 — Jeune femme tenant un écrin, d'ap. *A. Kauffmann.* Jolie petite pièce avant la lettre.

140 **Bonnet**. Toilette du matin, d'ap. *Beaulier.* Charmante pièce à la sanguine.

141 — Femme nue couchée, tenant un oiseau attaché par les pattes, d'ap. *Boucher.* A la sanguine.

142 — Le Bon accord, la Bonne ruse. 2 jolies petites pièces en couleur, d'ap. *Cheveaux.*

143 — Buste de jeune femme avec des fleurs dans les cheveux. A plusieurs crayons. Jolie pièce.

144 — Jupiter et Danaë, d'ap. *Boucher*. A plusieurs crayons.

145 — L'Amour enchaîné par les Grâces, d'ap. *Huet*.

146 — Buste de jeune fille coiffée d'un chapeau, d'ap. *Boucher*. — de jeune femme en cheveux, d'ap. *Leclère*. 2 pièces à la sanguine.

147 — Comte de Provence, jeune. Joli portrait manière du pastel.

148 **Carrée**. La Balanceuse, d'ap. *Freudeberg*. En couleur.

149 **Chaponnier**. Mlle Volnais, Mlle Duchesnois, Mme Gonthier, Mlle Mars, dans différents rôles. 4 pièces en couleur.

150 **Chaponnier et Godfroy**. Dazincourt (*Fausses Confidences*); Grandmesnil (rôle d'Harpagon). 2 jolies pièces en couleur.

151 **Debucourt, 1788**. Une jeune femme est assise dans un parc; elle tient une rose à la main et regarde en riant un jeune homme qui lui baise la main.

152 — 1788. La Rose. Un jeune homme est à genoux aux pieds d'une jeune femme à laquelle il présente une rose.

Ces deux pièces sont des plus charmantes de l'œuvre du maître. Elles sont des premières épreuves avec les noms de l'artiste à la pointe. *Très-rares*.

153 — Les Plaisirs paternels; un vieillard tient à cheval sur sa jambe un enfant qu'il fait sauter; le père et la mère sont à droite; une jeune servante sur une terrasse dans le haut à gauche regarde la scène. (Costumes de la république). Belle composition en couleur. Superbe épreuve. *Très-rare*.

154 — L'Orange ou le moderne Jugement de Pâris. Charmante et spirituelle composition à dix figures. (Costumes du Directoire.) *Rare*.

[illegible]

Villeton [illegible] 6e [illegible]

Villeton [illegible] 6e [illegible]

Dijon, Villeton

Dijon Villeton 2 [illegible]

[illegible] 22

D. 32 [illegible] Berger 51

[illegible] [illegible] [illegible]

Big. 6

[illegible] ([illegible] 11 Big 11 / ([illegible] 10 [illegible])

Berger 31

155 — 1790. M. le marquis de Lafayette, commandant général de la garde nationale parisienne, en pied, son chapeau à la main. Beau portrait en couleur. In-fol. *Très-rare.*

156 — Almanach national, année 1791, 3e de la liberté. Dans le haut, figure de la Constitution; au bas, à gauche, jeune marchande de papiers publics, journaux, décrets, adresses; en avant deux enfants dont l'un habillé en grenadier, et à droite figures de diverses nations admirant la Constitution. Belle pièce en couleur. *Très-rare.*

157 — René-Juste Haüy, professeur au Muséum d'histoire naturelle, d'ap. *Van Gorp.*

158 — La Croisée; jeune femme en costume Louis XVI, assise et lisant; le mari est placé à gauche, et deux enfants au bas à droite. En couleur.

159 — Intérieur d'une cuisine, d'ap. *Drolling.* En couleur.

160 — La Chasse, d'ap. *C. Vernet.* En couleur.

161 — Berceau de Paul et Virginie; leurs premiers pas. 2 p. en couleur.

162 — 1821. Le Marchand de galette. Manière du lavis en noir.

163 — Chaise vacante, Elle le boude, Baisez maman, Ah! qu'il fait saud! l'Agression, le Prétexte, Plus posément. Costumes de modes an VIII et an IX. *Très-rares.* 7 p.

164 **Debucourt** (Manière de). Jeune militaire blessé soutenu par sa fiancée; un vieillard montre un drapeau autrichien, trophée dû à la bravoure du jeune soldat. Belle pièce en couleur avant toute lettre. *Rare.*

165 — Vénus couronnée par les Amours, d'ap. *Boucher*. Jolie pièce aux trois crayons

166 — Jeune femme demi-nue, assise sur un lit. Très-jolie pièce d'ap. *Boucher*. A plusieurs crayons. *Rare*.

167 — Jupiter et Antiope. Charmante pièce d'ap. *Boucher*. A plusieurs crayons.

168 — Deux Amants dans un paysage. Charmante petite pièce en rond, d'ap. *Boucher*. Aux trois crayons. *Rare*.

169 — Buste de jeune femme, d'ap. *Watteau*. A plusieurs crayons.

170 — Le Marchand de gâteaux, d'ap. *Boucher*. Jolie petite pièce à plusieurs crayons. *Rare*.

171 — L'Amour et les trois Grâces. Charmante petite pièce d'ap. *Boucher*. A plusieurs crayons.

172 — Jeune femme demi-nue, couchée, caressée par l'Amour, d'ap. *Boucher*. A plusieurs crayons. Épr. avant toute lettre. *Rare*.

173 — Autel de l'Amitié, d'ap. *Boucher*. A la sanguine. Épr. avant la lettre. *Rare*.

174 — Groupes d'Amours. 2 jolies pièces d'ap. *Boucher*.

175 — Jeune fille couchant un chat dans un berceau, d'ap. *Boucher* Charmante composition à la sanguine.

176 — Le Chat chéri, deux enfants donnent à manger à un chat, d'ap. *Boucher*. Jolie pièce à plusieurs crayons. *Rare*.

177 — Deux bergères tenant un pigeon messager, d'ap. *Boucher*. En couleur à plusieurs tons.

178 — Femme nue couchée sur un lit, d'ap. *Boucher*. A la manière du crayon. Charmante pièce. *Rare*.

feuille 50

[illegible] P [illegible]

P

[illegible] 11

179 — Buste de jeune femme avec des fleurs dans les cheveux, d'ap. *Courtois*. A la sanguine.

180 — Deux Amours dont l'un soulève un rideau. Jolie pièce à plusieurs crayons, d'ap. *Boucher*.

181 — Berger regardant une Bergère endormie, Jeune fille avec deux enfants, les Savoyards, Jeune femme ayant les mains appuyées sur un cahier de musique. 4 p. à la sanguine, d'ap. *Boucher*.

182 — Deux jeunes villageoises portant des fleurs, d'ap. *Boucher*. Jolie pièce à la sanguine.

183 — La Laitière, d'ap. *Huet*. Belle pièce aux trois crayons.

184 — Jeune femme nue assise sur un lit. Charmante pièce à la sanguine, d'ap. *Boucher*.

185 — Le Mouton chéri, le Plaisir innocent. 2 jolies pièces aux trois crayons, d'ap. *Huet*.

186 — La Poupée, le Château de cartes. 2 jolies petites pièces à la sanguine, d'ap. *Courtois*.

187 — Érigone, d'ap *Le Barbier*. Jolie pièce aux trois crayons.

188 — Le Peintre, le Sculpteur, le Poëte, le Musicien. Aux trois crayons, d'ap. *Clermont*. 4 p.

189 **Descourtis**. Noce de village, Foire de village, d'ap. *Taunay*. 2 p. en couleur.

190 **Demarteau**. Joli buste de jeune femme, d'ap. *C. Vanloo*. A plusieurs crayons.

191 **François**. Louis XV, joli portrait à la manière du crayon.

192 **Gillberg**. Mlle de la Chantrie de l'Opéra, d'ap. *Pierre*. A la sanguine.

193 **Guyot**. Joseph Chrétien sauve trois jeunes gens enfoncés sous la glace, au milieu de la pièce d'eau des Suisses à Versailles, le 27 décembre 1785. Jolie pièce en couleur.

194 — Dames française faisant leurs offrandes sur l'autel de la patrie. Jolie petite pièce en couleur, costumes de la République.

195 **Guyot** (Manière de). 6 petits médaillons sur la même feuille représentant une jeune femme au bain, sujets galants, amours, etc. Charmantes petites composition en couleur.

196 **Guyot** (Chez). Le Baiser d'amour. Jolie petite pièce.

197 **Naubey**. Le couché à l'italienne. d'ap. *Vanloo*. Jolie pièce en couleur.

198 **Janinet**. L'Indiscrétion, d'ap. *Lawreince*. Très-jolie pièce en couleur.

199 — L'Aveu difficile, d'ap. *Lawrince*. Très-jolie pièce en couleur.

200 — L'Amour rendant hommage à sa mère, d'ap. *Boucher*.

201 — Vénus demi couchée, entourée d'une guirlande de roses, d'ap. *Charlier*.

202 — Vénus dérobant une flèche à l'Amour, d'ap. *Charlier*.

203 — Bacchante endormie.

Ces quatre pièces, de forme ronde, sont de charmantes compositions imprimées en couleur. Elles sont avant toute lettre, d'une grende fraîcheur et *très-rares* en cet état.

204 — Bacchanale, un Satyre répand une coupe de vin sur une bacchante, d'ap. *Carême*. Epr. avant toute lettre.

205 — Autre bacchanale. Sacrifice à Pan. Epr. avant toute lettre.

Bi 5.

Bi 11

Bi 11

Villatier

Villatier

Villatier 2

Villatier 2

Biz. 6

Villatn Ie

Boy 5

Cases 30

Bouxam 6

[illegible] 20

206 — Vénus à la colombe, d'ap. *Barbier*. Jolie pièce en couleur.

207 — L'Agréable négligé, l'Aimable paysanne, d'ap. *Baudouin* et *Saint-Quentin*, 2 p.

208 — Projet de monument à ériger pour le roi Louis XVI sur un piédestal en face de Henri IV. Belle pièce en couleur, costumes Louis XVI.

209 **Janinet** (Manière de). Vénus sur une conque marine dirigée par l'Amour; en couleur, avant toute lettre.

210 **Jubier** La Bergère récompensée, d'ap *Huet*, à plusieurs tons.

211 — Les Baigneuses, le Berger surpris, d'ap. *Sarrazin*. 2 pièces à plusieurs crayons.

212 **Legrand**. Le premier Baiser de l'Amour, l'Elysée, d'ap. *Schall*. Sujets tirés de la Nouvelle Héloïse.

213 **Levachez**. La Danse des Chiens, d'ap. *C. Vernet*. Très-belle pièce en couleur. Rare.

214 — Bonaparte, premier consul. Au bas revue dans la cour des Tuileries.

215 **L'Eveillé**. Le repos des Vendangeuses, d'ap. *Huet*.

216 **Ligé**. La Rose chérie, d'ap. *Leprince*. Jeune femme en élégant costume, cueillant une rose. Jolie pièce à plusieurs crayons.

217 **Lingée** (Mme). Le Plaisir des bonnes gens. Jolie pièce à la sanguine, d'ap. *C. N. Cochin*.

218 **Longueil**. Le retour à la vertu. Charmante composition d'intérieur, en couleur, à plusieurs tons; sans marge.

219 **Marin**. Jeune Femme assise ; autre jouant de la guitare. 2 pièces, d'ap. *Leprince*, en couleur à plusieurs tons.

220 **Mauclerc**. Quand l'Hymen dort, l'Amour veille, d'ap. *Challe*.

221 **Moret**. Bonaparte, premier consul, d'ap. *Appiani*.

222 **Parizeau**. Jupiter et Antiope, d'ap. *Boucher*, manière du lavis en bistre. Jolie petite pièce.

223 **Perdriau**. Le Vieillard faisant la cour à une jeune fille, d'ap. *Drolling*, en couleur.

224 **Petit**. Femme nue couchée, d'ap. *Boucher*. Jolie petite pièce à la sanguine.

225 **Regnault**. Ah! s'il s'éveillait. Pièce originale du maître, belle pièce en bistre.

226 **Robillac**. L'Amour est de tout âge, d'ap. *Monnet*, en couleur.

227 **Saint-Non**. Maîtresse d'école montrant à lire à des enfants. Jolie pièce en bistre, d'ap. *Boucher*.

228 **Sergent**, 1786. The first come lest servied, d'ap. *Saint-Aubin*. Fort jolie pièce en couleur. *Très rare*.

229 1786. The place to the first occupier, d'ap. *Saint-Aubin*. Charmante pièce en couleur. *Très-rare*.

230 — Valentin Haüy, instituteur des jeunes aveugles. Joli portrait. *Très-belle* épr. avant le nom de l'artiste.

231 — Necker, d'ap. *Duplessis*, en couleur.

232 **Sergent** (Manière de). Jean-Jacques Laurent, négociant. Joli portrait en couleur.

Renou et Maulde, imprimeurs de la Compagnie des Commissaires-Priseurs, rue de Rivoli, 144. 7224

[illegible] 18

[illegible] 40

[illegible]

[illegible] 20

[illegible]

110 Vente N...

1	Bartolozzi	[illegible]	3	..
3	Bol. [illegible]	[illegible]	12	..
6	[illegible]	[illegible]	1	..
16	[illegible]	[illegible]	6	..
18	" [illegible]	[illegible]	15	..
20	" [illegible]	[illegible]	11	..
22	[illegible]	[illegible]	16	
26	[illegible]	[illegible]	1	
27	[illegible]	[illegible]	10	
34	Prudhon [illegible]	[illegible]	2	
36	[illegible]	[illegible]	1	
39	Rembrandt [illegible]	[illegible]	10	
49	[illegible]	[illegible]	12	50
52	Schlang [illegible]	[illegible]	3	
53	[illegible]	[illegible]	2	50
54	[illegible]	[illegible]	10	50
55	6 miniatures	[illegible]	16	..
	15 [illegible]		8	..
56	Adam [illegible]	[illegible]	1	50
57	3 [illegible]	[illegible]	[illegible]	50
58	Flamel	[illegible]	3	50
62	[illegible]	[illegible]	2	50
65	Cook [illegible]	[illegible]	3	..
66	[illegible]	[illegible]	2	50
69	Bonneville [illegible]	[illegible]	1	
70	" [illegible]	[illegible]	3	50
72	" [illegible]	[illegible]	11	..
74	[illegible]	[illegible]	1	50
75	[illegible]	[illegible]	7	..
80	[illegible]	[illegible]	1	..
82	[illegible]	[illegible]	11	..
86	[illegible]	[illegible]	9	..
89	La [illegible]	[illegible]	7	..
91	[illegible]	[illegible]	2	50
92	[illegible]	[illegible]	1	
			23[illegible]	50

	Report		230	[illegible]
95	[illegible]	[illegible]	[illegible]	[illegible]
99	[illegible]	[illegible]	2	50
101	[illegible] chapka	[illegible]	2	
103	[illegible]	[illegible]	3	
113	[illegible]	[illegible]	12	
113	[illegible]	[illegible]	3	
115	[illegible]	[illegible]	4	
119	[illegible]	[illegible]	1	50
123	[illegible] de Flandre		13	—
140	[illegible]	Montalant	9	..
151-152	[illegible]	[illegible]	121	..
153	[illegible]	[illegible]	21	..
154	l'Orange	Villeclerc	49	..
157	Hang	[illegible]	6	..
163	[illegible]	[illegible]	5	
	[illegible]		4	
164	[illegible]	Bergat	21	
165	[illegible]	[illegible]	37	
166	[illegible]	Scribe	100	
172	[illegible] par l'amour		4	
174	[illegible]	[illegible]	19	
185	[illegible]	[illegible]	16	
200	[illegible]	[illegible]	33	
201	[illegible]	Villeclerc	52	
213	[illegible]	Berger	41	
214	Bonaparte	[illegible]	5	50
221	Mort Bonaparte	[illegible]	15	
222	[illegible]	Montalembert	8	
228-229	Sergent	Borge	54	
230	Hang [illegible]	Habin	6	
			928	50
			46	45
			974	95

www.ingramcontent.com/pod-product-compliance
Lightning Source LLC
Chambersburg PA
CBHW030057230526
45471CB00003B/1137